AF355665

LE GÉNÉRAL PITTIÉ

PAR

ÉMILE DELAUNAY

AVEC PORTRAIT

50 Centimes

EN VENTE

AUX BUREAUX DU *PETIT MESSAGER PARISIEN*

13ᵇⁱˢ, Passage Verdeau, 13ᵇⁱˢ

PARIS

1886

LE
Général PITTIÉ

PAR

ÉMILE DELAUNAY

AVEC PORTRAIT

50 CENTIMES

EN VENTE

AUX BUREAUX DU *PETIT MESSAGER PARISIEN*

13bis, Passage Verdeau, 13bis

PARIS

—

1886

LE

Général PITTIÉ

Général de division, Secrétaire Général de la Présidence, Commandeur de la Légion d'honneur, Officier de l'Instruction publique, ayant représenté le Président de la République, en Russie, au sacre d'Alexandre III ; en Espagne, aux obsèques d'Alphonse XII, Francis Pittié pourrait s'écrier comme Théron d'Agrigente (*) :

« Les honneurs que ma patrie m'a dé-
« cernés me rendent digne d'envie. Placé
« au-dessus des soins ordinaires de la for-
« tune et de l'ambition des succès vul-
« gaires, j'ai recherché seulement une
« gloire solide et durable. Cette gloire,
« je l'ai acquise sur les champs de bataille
« par des actions d'éclat, dans le domaine
« de la pensée par la poursuite des vraies
« et pures beautés littéraires. »

Si le courage consiste à être toujours prêt à affronter le danger quand il le faudra et à attendre, sans inquiétude et sans impatience, qu'il se présente pour le braver ; si la poésie, cette fleur des lettres, est le chant intérieur des âmes grandes et

(*) IIme Olympique de Pindare.

fortes et l'expression directe des plus nobles sentiments, Francis Pittié est un valeureux soldat et un excellent poète.

La vie militaire du général Pittié, que nous allons raconter, produira certainement, sur l'esprit de ceux de nos lecteurs qui ne la connaissent pas, ce genre d'admiration que Vauvenargues définissait ainsi : « *une surprise pleine de respect.* »

Francis Pittié est né à Nevers le 25 janvier 1829.

De brillantes études le conduisirent à l'École militaire de Saint-Cyr. Il sortit de cette École, en 1849, avec le grade de sous-lieutenant.

Cinq années plus tard, Pittié partait pour la Crimée. Il arriva devant Sébastopol pendant l'hiver de 1854-1855.

On sait quel fut cet hiver sous le rigoureux climat de la Tauride. C'était la lutte avec le froid, avec la neige, avec des pluies torrentielles; les ouragans du ciel, de la terre et de la mer.

Aux avant-postes, les combats de nuit étaient incessants. Ni tambours, ni clairons ; on s'assommait, on s'égorgeait, on se tuait en silence — bientôt la neige était rouge de sang.

Ce fut dans l'un de ces combats meurtriers que le lieutenant Pittié reçut sa première blessure.

Blessé de nouveau, cette fois très grièvement, le 8 septembre 1855, à l'assaut de

Sébastopol, on le conduisit à l'ambulance de sa division.

Ce fut, sur le lit de camp, où le clouait la douleur que, quelques jours après, son colonel vint lui rendre visite. Il apportait à son jeune officier le brevet de capitaine et la croix de la Légion d'honneur.

La gloire accordait à Francis Pittié son premier sourire.

Quatre ans après, le capitaine Pittié assiste à la bataille de Solférino.

Sept cent cinquante officiers français furent mis hors de combat en cette sanglante journée. (24 juin 1859.)

Naturellement Pittié était du nombre de ces officiers.

« Fais ce que dois — s'écriait-il toujours — advienne que pourra. »

Or, il advenait que, si les coups pleuvaient sur Francis Pittié, les honneurs, non plus, ne lui étaient pas épargnés. Cette troisième blessure lui valait la mise à l'Ordre du jour de l'armée, la médaille militaire de Savoie; puis, peu de temps après, le grade de chef de bataillon au 24me de ligne et la rosette d'officier de la Légion d'honneur.

La guerre de 1870 éclate.

Le commandant Pittié prend part, le 13 août, au combat de Borny; le 16, à la bataille de Gravelotte, et, le 18, à la terrible journée de Saint-Privat.

Quarante mille morts ou blessés restè-

rent sur un champ de bataille qui n'avait pas moins de cinq lieues de front !

Enfermé dans Metz, Pittié a la douleur d'assister à l'une des plus honteuses capitulations de notre histoire.

Ni le temps, ni les satisfactions que lui procura sa haute situation dans le monde, ni les douceurs du foyer, ni aucune joie humaine, ne purent lui faire oublier la capitulation de Metz.

Dans son recueil de poésies intitulé : « *A travers la vie*, » Pittié a inséré un sonnet qui porte cette date funeste : 28 octobre 1870.

Ce sonnet qu'il a écrit, il le dit lui-même :

La honte dans le cœur, la rougeur sur le front

est intitulé : *Ganelon*.

Chacun de ses quatorze vers est une arme terrible, l'arme de la rage, celle dont se servait Archiloque :

Archilochum proprio rabies armavit iambo.

GANELON

Depuis plus de mille ans, ton forfait exécré
Revit dans le mépris unanime des hommes ;
Les poètes ont fait du nom dont tu te nommes
Le symbole haï du serment parjuré.

Le sévère songeur qui suppute effaré,
Les fangeuses horreurs des Tyrs et des Sodomes,
Cherche en vain hors des temps tragiques où nous
Un traitre qui te soit justement comparé.   [sommes,

Mais notre honneur s'écroule au fond d'un tel abìme,
Que ton crime pàlit devant un plus grand crime ;
Tu n'es plus l'éternel et l'unique félon.

Quand ma lèvre indignée, où déborde ma haine,
Demande compte au ciel du forfait de Bazaine,
Le ciel chargé d'éclairs me répond : Ganelon.

Le 29 octobre, au matin, la capitulation s'exécute. Le jour est sombre et mélancolique. De lourds nuages, poussés par un vent furieux, tourbillonnent au-dessus de la cité en deuil. Le clairon français retentit pour la dernière fois. Le signal du départ est donné. Le commandant Pittié dit adieu aux soldats de son bataillon. Tous ses soldats cherchent sa main, tous la rencontrent dans une muette étreinte.

Ils s'éloignent, ils disparaissent à l'horizon. Pittié, lui aussi, devrait quitter Metz, mais il s'est juré à lui-même de n'accepter ni la servitude ni la sécurité d'un internement en Allemagne.

Il revêt immédiatement des habits bourgeois, traverse les lignes prussiennes, et,

« Revenant aux dangers à travers les dangers. »

il vient s'offrir, corps et âme, au Gouvernement de la Défense nationale.

Bourbaki formait alors le 22me Corps d'armée. Il nomme Pittié lieutenant-colonel et le place à la tête du 68me régiment de marche.

Ce régiment, composé de deux bataillons de marche du 24me et d'un bataillon de marche du 64me, faisait partie de la 2me brigade (colonel Derroja) de la 1re division (général Lecointe). Un décret du 18 novembre 1870 avait retiré le commandement du 22me corps au général Bourbaki pour le donner au général Faidherbe.

Le 20 décembre, au matin, la division Lecointe, qui doit s'opposer à la marche de Manteuffel sur Amiens, prend position entre Boves-sur-l'Avre et Dury, de façon à couvrir, au besoin, la retraite par Longueau, formant ainsi l'aile droite du 22me corps.

Le combat de Querrieux ne tourna pas à notre avantage. L'armée du Nord, armée improvisée et sans expérience, s'était trouvée, pour la première fois, aux prises avec des troupes homogènes, exercées, rompues à la fatigue et enhardies par le succès.

« Le colonel Pittié avec le 2me bataillon « du 68e et le 4me bataillon des mobiles « du Nord, — (le général Faidherbe s'exprime ainsi :) — « par son héroïque ré- « sistance, permit à nos troupes de s'é- « couler, en bon ordre, par Longueau (*). »

Promu au grade de colonel, Francis Pittié, trois jours après (23 décembre), commandait la 2me brigade (1re division, général Lecointe) à la bataille de Pont-Noyelles. Il y est de nouveau blessé.

C'était sa quatrième blessure.

Faidherbe, bien qu'il eût repoussé toutes les attaques de l'ennemi, crut devoir faire retirer son armée derrière la Scarpe. Cette armée, succombant de fatigue, jamais de

(*) *Campagne de l'armée du Nord en 1871*, par le général de division Faidherbe.

désespoir, était cependant prête à de nou-
veaux sacrifices.

Huit jours après, elle reprenait l'offen-
sive.

Le 2 et le lendemain 3 janvier, elle rem-
porte la victoire de Bapaume, une des plus
brillantes qui aient marqué la campagne
de 1870-71.

Dès le début de la guerre, Pittié, dans
le sonnet qu'il a intitulé « *Pro Patria* »,
écrivait ceci :

« Je suis le plus obscur de tes plus humbles fils,
« O France, et le clairon de l'immortelle histoire
« Ne consacrera pas ma modeste mémoire.

Il ne songeait pas alors à la bataille de
Saint-Quentin, livrée le 19 janvier 1871.

Lisez le récit que le général Faidherbe
fait de cette bataille dans son livre : *Campagne de l'armée du Nord*, et convenez
que Francis Pittié n'avait pas deviné juste
en croyant que son nom ne serait jamais
glorieux.

« La deuxième brigade (colonel Pittié)
« était à peine rendue à Gauchy et la
« deuxième division (du Bessol) à Grugis,
« que de profondes colonnes d'infanterie
« prussienne, précédées de cavaliers, arri-
« vèrent, par la route de Paris, vers Castes.
« C'étaient les trois divisions Von Barne-
« kow, prince Albert de Prusse et comte
« de Lippe.

« Les hauteurs avancées de Gauchy fu-
« rent assaillies six fois par ces troupes
« fraîches qui se renouvelaient sans cesse.
« Six fois nos soldats, animés par le cou-
« rage et l'intrépidité du colonel Pittié,
« repoussèrent ces assauts. Dans ces atta-
« ques nos soldats se trouvèrent à vingt
« pas de l'ennemi, jonchant le terrain de
« ses morts.... »

De ces résistances-là les Prussiens n'en
font pas !

Après la bataille de Saint-Quentin, vint
le licenciement de l'armée du Nord, puis,
peu de temps après, la cessation complète
des hostilités.

On sait comment les Prussiens compri-
rent le « *Parcere subjectis.* »

Le poignard sur la gorge, les Allemands
ravirent à la France ses deux filles les
plus chères, l'Alsace et la Lorraine, sœurs
charmantes qui se considèrent toujours
comme orphelines et toujours sont voilées
de noir.

« Si je pense à l'Alsace et à la Lorraine
« pendant la nuit — écrivait Pittié à l'un de
« ses amis quelques mois après la guerre —
« c'en est fait de mon sommeil ; je ne peux
« plus fermer les yeux, des larmes brû-
« lantes coulent sur mon visage.... »

Quelle douleur profonde dans ces simples
lignes ! Comme on y retrouve bien toute la
sincérité du poète qui a écrit ce vers admi-
rablement frappé et d'un élan si sublime :

O France, ô mon plus grand amour, tu me suffis! »

La patrie, en effet, n'est pas seulement pour Pittié une idée sublime et touchante qui fait battre son cœur généreux, c'est un être qui existe, qu'il voit, auquel il s'adresse sans cesse.

La France est sa passion dominante, son idolâtrie.

Si on l'insulte, il frémit de colère :

> « *Et son cœur tout entier bondit.* »

Si on la frappe :

> « *Il veut la part des coups qui déchirent sa joue.* »

Si on veut l'égorger, il s'en prend à la terre et au ciel :

> « *La terre insulte aux pleurs de l'auguste victime ;*
> « *Le Ciel, sourd à ses cris, tourne ou vide ou moqueur.* »

Son poème, la *Colère de Pallas*, est une invocation aux filles de l'Hadès, aux Erinnyes Vengeresses.

Jamais Justin Kœner, Louis Ulhand, Frédéric Ruckert, aux *sonnets cuirassés*, n'ont trouvé, après Iéna, dans leur haine contre nous, des accents plus terribles ; jamais ils n'ont exprimé d'une manière plus énergique

> « . . . . *la légitime haine*
> « *Qui fermente toujours dans l'âme des vaincus.* »

Les quelques vers que nous venons de citer, tandis que nous racontions la *Vie militaire* de Francis Pittié, pourraient faire supposer que sa muse est seulement guerrière.

Il n'en est rien.

Sans les malheurs de notre patrie, Pittié fût resté un poète bucolique et un rêveur.

Son *Roman de la vingtième année,* parut pour la première fois en 1863, et qui comprend tous les vers qu'il avait commis depuis l'âge des rimes, forme un bouquet de toutes les plus jolies fleurs de sa jeunesse.

Ce qui plaît dans ce poème, ce qui lui est particulier et personnel, ce qui lui assure une véritable originalité, c'est cette chanson involontaire que le printemps met au cœur de notre poète. On sent qu'il lui est impossible de ne pas chanter, dans la fraîcheur matinale, lorsque tout rit et tout fleurit autour de lui.

Le *Roman de la vingtième année,* c'est le livre de l'aurore, le livre du rossignol et de l'alouette, le livre des gazouillements et des murmures ; tout y bruit, tout y brille, tout y babille, tout y vole et y chante.

De toutes les cordes que Pittié fait vibrer, l'une après l'autre, en son charmant poème, celle qu'il touche le mieux et, pour ainsi dire sans qu'il y pense, c'est justement cette corde si délicate et si harmonieuse de la jeunesse.

Cette corde, qui exprime toutes les émotions naissantes, tous les sentiments frais éclos, à peine Pittié l'a-t-il effleurée qu'elle rend un son doux et pénétrant.

Elle redit les blanches illusions qui, chastes et voilées, et se donnant la main, traversèrent nos rêves de vingt ans; elle nous fait entendre le bruit léger d'un pas, celui de la jeune et première bien-aimée à laquelle nous avions voué

« Un amour éternel dans un instant conçu. »

Que de belles choses, que de vers heureux et de strophes délicieuses dans ce cher petit roman qui nous fait retrouver la sensation fine, l'émotion modeste, mais vivement sentie et pénétrante de la nature nouvelle!

Pittié ne fait que de petits tableaux, mais c'est un vrai paysagiste. La nature chez lui est animée, elle a une voix délicieuse qui nous invite à l'aimer.

Sa muse

— Un bluet orne son corsage. —

s'égare volontiers, blonde sœur des nymphes divines, parmi les mousses des sentiers. Elle aime les horizons bleuâtres, les traînées de la lumière sur les prairies, le miroitement de l'eau sous le balancement des larges feuilles du nénuphar; il lui plaît de s'endormir dans le sillon des blés, et, au réveil, à murmurer à l'oreille de son jeune amoureux l'aveu naïf de sa pure tendresse pour lui :

« Je t'apprendrai, veux-tu? tendre amant, doux
« Les vers que Roméo soupire à Juliette. »   [poète,]

Le recueil de vers que Francis Pittié a intitulé :

« A travers la Vie »

n'est pas moins intéressant.

En ce nouveau recueil se révèle, dès les premières pages, le chemin que va suivre le jeune officier avant de devenir général.

Au milieu des épanchements les plus délicats et des plus divines effusions du cœur, où domine toujours une grande pureté de pensée et de langage, on entrevoit le héros de Pont-Noyelles et de Saint-Quentin.

Quel sentiment de mépris, de haine, d'exécration contre la soif des jouissances matérielles, et cet amour immodéré du luxe et du bien-être qui, dès le début du second Empire, s'était emparé de la France pour la précipiter vers sa ruine!

Ce que Pittié flétrit surtout, avec une âpreté toute militaire, c'est ce désir de vivre quand même.

Que de choses nous aurions encore à dire. L'espace nous manque; il nous faut conclure. Notre conclusion sera celle-ci:

Le prestige du général Pittié ne vient pas seulement de l'éclat de sa vie mais de l'épanouissement de son âme haute et fière.

Soldat, Pittié a donné à sa patrie le pur sang de ses veines; poète, il a exalté les plus nobles sentiments.

Il a cru en Dieu, en l'immortalité de son âme; il a fait noblement son devoir.

« Ici-bas, comme ailleurs, advienne que pourra! »

28715. — Amiens, Imp. T. JEUNET. — BOYER, Repr. 26, rue Feydeau, Paris.